Marli Assunção Gomes Pereira

# O REINO DAS BORBOLETAS BRANCAS

Paulinas

**Dados Internacionais de Catalogação na Publicação (CIP)**
**(Câmara Brasileira do Livro, SP, Brasil)**

Pereira, Marli Assunção Gomes
  O reino das borboletas brancas / Marli Assunção Gomes Pereira. – 17. ed. – São Paulo : Paulinas, 2013. – (Coleção fazendo história)

  ISBN 978-85-356-3526-3

  1. Literatura infantojuvenil    I. Título.    II. Série.

13-04814                                                    CDD-028.5

Índices para catálogo sistemático:
  1. Literatura infantil        028.5
  2. Literatura infantojuvenil  028.5

17ª edição – 2013
6ª reimpressão – 2024

Revisado conforme a nova ortografia

Revisão de texto: *Sílvio Luís Monteiro*

Capa e ilustrações: *Teruyo Kajiki de Sousa*

*Nenhuma parte desta obra poderá ser reproduzida ou transmitida por qualquer forma e/ou quaisquer meios (eletrônico ou mecânico, incluindo fotocópia e gravação) ou arquivada em qualquer sistema ou banco de dados sem permissão escrita da Editora. Direitos reservados.*

Cadastre-se e receba nossas informações
www.paulinas.com.br
Telemarketing e SAC: 0800-7010081

**Paulinas**
Rua Dona Inácia Uchoa, 62
04110-020 – São Paulo – SP (Brasil)
📞 (11) 2125-3500
✉ editora@paulinas.com.br

© Pia Sociedade Filhas de São Paulo – São Paulo, 1990

Nas viagens que fiz pelo mundo das fantasias, visitei um reino muito interessante:

O Reino das Borboletas Brancas!

Lá tudo era branco, e o que não era, ficava num cantinho esquecido.

As graciosas borboletas só beijavam as flores brancas que, orgulhosamente, tremulavam à brisa fresca.

Um dia, nasceu no reino uma linda borboletinha que, por sua candura e mimo, chamou a si a atenção de todos.

Até sua majestade, a rainha, foi vê-la.

A linda borboleta ia crescendo muito saudável, alva, sempre cercada de brancos carinhos.

Ao dar seu primeiro passeio, ela se deslumbrou com o esvoaçar das borboletas por sobre as flores, porém apenas sobre as brancas.

Percebeu a tristeza das outras...

— Oh! Como são lindas, diferentes!

Curiosa, se perguntava:

— Por que as borboletas só beijam as flores brancas? Por que as coloridas estão plantadas em cantos tão distantes e reservados? Será que minhas irmãs não percebem a beleza dessas flores?

No caminho de volta, reparou em uma flor azul.

— Que esplendor! Que pétalas! Que perfume!

Ah! Ela não resistiria. As outras que beijassem as brancas.

Pousou na flor e nela depositou um terno beijo.

Que surpresa! A flor, que nunca havia sido beijada, ao contato de sua boquinha, ficou ainda mais bela.

Em sinal de agradecimento, a flor deixou rolar de suas pétalas uma gotinha ainda fresca de orvalho para as asas de sua gentil admiradora.

A gotinha se espalhou e tingiu as asas da borboleta de um azul muito delicado.

O susto foi geral!

— De onde surgiu essa borboleta azul?

— Como entrou aqui?

— Quem permitiu?

Foi difícil esclarecer.

Seus pais repreenderam-na, mas gostaram da nova cor.

Logo, outras borboletinhas, encantadas com a cor da amiguinha, seguiram seu exemplo. Começaram a beijar flores amarelas, rosas, vermelhas. E ganhavam também gotinhas de orvalho e se tornavam amarelas, rosas, vermelhas...

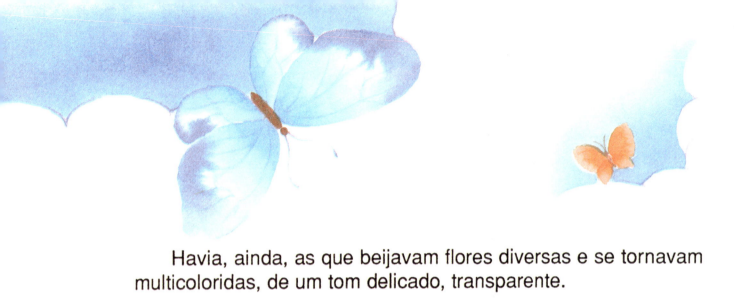

Havia, ainda, as que beijavam flores diversas e se tornavam multicoloridas, de um tom delicado, transparente.

Que alvoroço! O que estava acontecendo? Precisavam informar as ministras do reino, que, por sua vez, informariam a rainha.

— Majestade, venha ver! O reino das borboletas brancas está desaparecendo! Precisamos tomar sérias providências.

A rainha saiu às ruas e, boquiaberta, olhava suas pequenas súditas num bailado alegre e colorido pelo ar.

Nunca vira nada tão belo!

As ministras esbravejavam e exigiam providências.

A esvoaçante população se dividia.

Uns aplaudindo... outros, sem saber o que fazer.

As borboletas coloridas caprichavam no bailado. Alternavam-se, ora azuis, amarelas, rosas, vermelhas, multicores, fazendo reverências à rainha.

# O REINO DAS BORBOLETAS COLORIDAS

Não me lembro quanto tempo durou o espetáculo, mas, quando parti, o reino já não tinha o mesmo nome.

Agora se chamava O Reino das Borboletas Coloridas.

Rua Dona Inácia Uchoa, 62
04110-020 – São Paulo – SP (Brasil)
Tel.: (11) 2125-3500
http://www.paulinas.com.br – editora@paulinas.com.br
Telemarketing e SAC: 0800-7010081